뇌 훈련·노화방지에 도움 되는

어르신
레크레이션북
시리즈 13

어른을 위한
초성게임

건강 100세 연구원 지음

!?

Vitamin Book
헬스케어

뇌 운동으로 뇌를 젊게!

사람이 나이를 먹어 노화가 진행되면 뇌도 함께 늙어갑니다. 뇌의 인지능력이 떨어져서 새로 배운 것을 기억해 내는 힘은 점점 저하되지만 지혜나 지식, 경험은 나이를 먹을수록 축적됩니다. 오랫동안 지식이나 경험이 계속 쌓이다 보니 삶에서 우러나온 지혜는 오히려 젊은이들보다 뛰어난 경우가 많습니다.

뇌는 나이와 상관없이 변화하고 발달할 수 있습니다. 그러므로 뇌를 잘 알고 관리하면 노화의 속도를 늦출 수 있으며 기억력도 더 좋아질 수 있습니다. 때때로 생각이 나지 않는 상황과 맞닥뜨릴 때는 나이를 탓하며 포기하지 말고 기억력 향상에 도움을 주는 방법을 찾아 노력해 봅시다.

뇌가 젊어지는 방법

1) 꾸준히 두뇌 활동을 한다 : 손을 사용하여 뇌를 자극하면 좋습니다. 종이접기, 색칠하기, 퍼즐 등을 자주 풀면 뇌의 기능을 향상시킬 수 있습니다.

2) 몸을 움직인다 : 유산소 운동이나 근육 운동을 늘립니다. 근육 운동뿐 아니라 사회활동과 긍정적인 사고를 하는 사람은 치매에 걸릴 확률이 낮아집니다. 걷기, 등산, 수영, 명상 등 운동을 꾸준히 합니다.

3) 식사에 신경을 쓴다 : 뇌를 지키기 위해서는 제때에 규칙적으로 식사하고 생선·채소·과일 등을 많이 섭취하며 기름진 음식은 자제하도록 합니다. 특히 비만이 되지 않도록 체중 조절에 신경 써야 합니다.

4) 사람들과 적극적으로 교류한다 : 다양한 인간관계를 유지하고 여러 사람과 교류하도록 노력해야 합니다. 봉사활동 등을 통해 좀 더 다양하고 친밀한 사회적 관계를 맺을 수 있습니다. 홀로 집에만 있지 말고 밖으로 나가서 만나도록 합시다.

머리말

　언제부턴가 초성퀴즈가 인기를 모으고 있습니다. 초성퀴즈란 정답의 자음만 알려주고 맞혀보는 퀴즈를 말합니다.

　볼펜 한 자루만 있으면 되는 이 지적인 오락은 지식을 늘려주고 또 두뇌를 훈련시켜줍니다. 평소에 퀴즈를 규칙적으로 풀어보면 기억력 저하 방지 효과가 확실히 있음이 입증되었습니다. 정신적인 노화 방지 효과라고 볼 수 있습니다.

　2019년에 발표된 연구 자료에 따르면, 영국에서 50세~90세의 연령대 19,000명을 대상으로 테스트한 결과, 규칙적으로 퍼즐을 푸는 사람은 그렇지 않은 사람보다 단기 기억은 8년, 문법적 추론 능력은 10년 더 젊다는 연구 결과를 얻을 수 있었습니다.

　그뿐 아니라 십자말 퀴즈를 풀면서 상식과 어휘 실력도 기를 수 있으니 성취감을 맛볼 수 있습니다. 그리고 한자 사자성어도 배우고 속담도 익히며 인생의 지혜도 맛볼 수 있습니다.

　게다가 요즘 스마트폰의 부작용으로 일상에서 책이 밀려난 후 우리말 맞춤법을 제대로 구사하는 분들이 별로 없습니다. 그래서 정답과 함께 일반인들이 자주 틀리는 어휘 표현도 제시했습니다. 이 책을 다 풀어보면 우리말 맞춤법이 정확해져서 자신감이 생기는 효과도 얻을 수 있습니다.

　스마트폰이 없던 시절에는 지인의 전화번호도 다 외우고 있었지만 요즘엔 전화번호 외울 필요도 없으니 암기력도 퇴보하고 종이책을 멀리하니 문학적인 표현이나 올바른 맞춤법이 점점 어렵게 느껴지기도 합니다. 종이책을 자주 보는 것은 정서적으로 이롭습니다.

　이 책을 구입해주신 독자님께 진심으로 감사 인사 올리며, 초성퀴즈와 더불어 즐거운 시간 보내시길 바랍니다.

차례

낱말 퍼즐

 **가로 열쇠**

1 무표정으로 속마음 잘 감추기. 표정 관리.

4 키가 2미터가 넘는 큰 새. 최고 시속 60km로 달릴 수 있음.

5 산이나 계곡을 걸어 다니고 야영하는 여행.

7 대상에 수준이나 등급 등 차이를 두어 구별하는 것.

9 식당을 뜻하는 프랑스어.

세로 열쇠

1 술이나 간단한 음식을 파는 길거리 노점.

2 벽이나 물건에 칠하여 보호 기능을 하는 도료.

3 여성용 보조 의류. 얇고 신축성이 좋으며, 다리에 걸치는 양말류.

6 보온성이 좋고 잘 늘어나는 여성용 바지.

8 결혼을 앞두고 있거나 갓 결혼한 남자.

낱말 퍼즐 1

1 ㅍ		2 ㅍ		3 ㅅ	
				4 ㅌ	
		5 ㅌ	6 ㄹ		
7 ㅊ					8 ㅅ
		9 ㄹ			

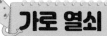 **가로 열쇠**

1 평범한 사람들 가운데 비범한 사람이 하나 끼어 있음.

4 건물 각 층의 면적을 모두 합한 전체 면적.

6 밥상을 높이 들어 눈썹에 맞춤. 남편을 극진히 공경한다는 의미.

9 윷놀이에서 모가 나오거나 활쏘기에서 과녁을 맞혔을 때, 잘한다는 뜻으로 외치는 감탄사.

세로 열쇠

1 많은 영웅들이 자기 지역을 차지하고 세력 다툼을 벌임.

2 출신 학교에 따라 생겨난 인연.

3 다른 배나 해안지방을 습격하여 재물을 빼앗는 선박.

5 일을 처리하여 끝냄.

7 안과 밖을 아울러 일컫는 말.

8 아직 알지 못함. ○○의 소녀.

낱말 퍼즐 2

¹ㄱ			²ㅎ		³ㅎ
			⁴ㅇ		
		⁵ㄱ			
⁶ㄱ	⁷ㅇ		⁸ㅁ		
			⁹ㅈ		

퍼즐1 정답

¹포	커	²페	이	³스	
장		인		⁴타	조
마		⁵트	⁶레	킹	
⁷차	별		킹		⁸신
		⁹레	스	토	랑

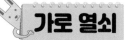

1 앞으로 갈 길이 아득히 멀다.

4 셈 어족으로, 히브리어를 사용하는 민족.

5 남과 시비가 붙거나 헐뜯는 말을 듣게 되는 운수.

7 남이 모르는 가운데.

9 적대관계에 있던 두 나라가 화해하는 상태. 프랑스어.

세로 열쇠

1 편지를 전달해주는 비둘기.

2 땅에서 뽑아낸, 정제되지 않은 그대로의 적갈색 혹은 흑갈색 기름.

3 뜻한 바를 감추고 인내하며 행동을 신중하게 함.

6 소의 머리 · 뼈 · 도가니를 푹 삶아서 만든 국.

8 어른에게 나이를 물을 때 쓰는 말. 나이의 높임말.

낱말 퍼즐 3

¹ㅈ			²ㅇ	³ㅇ
			⁴ㅇ	
⁵ㄱ	⁶ㅅ			
			⁷ㅇ	⁸ㅇ
⁹ㄷ				

퍼즐2 정답

¹군	계	일	²학	³해
웅			⁴연	면	적
할		⁵결		선
⁶거	⁷안	제	⁸미	
	팎		⁹지	화	자

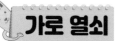 **가로 열쇠**

1 1980년대부터 국내에서 재배되기 시작한 양배추의 일종으로, 비타민·
철분·칼슘 함유량이 높고 항암 효과도 있음.

3 수분이 적어 딱딱한 빵. 방망이처럼 긴 모양.

5 마우스를 움직이면 그에 따라 컴퓨터 화면에서 움직이는 위치 표지.

7 특정 기업의 상품이 타 기업과 구별되기 위해 사용하는 이름이나 상징.

8 외국을 여행할 때 꼭 소지해야 하는 수첩 모양의 문서.

9 복사기나 프린터에서 잉크 대신 사용하는 검정색 탄소 가루.

세로 열쇠

1 의뢰를 받아 일을 대행해주고 돈을 받는 사람.

2 농구에서 슛한 볼이 골인되지 않고 다시 튕겨 나오는 것.

4 헬스장에서 운동하는 이들을 훈련시키고 지도해주는 사람.

6 테니스·탁구·배구에서 공을 상대편 진영으로 때려 넣어 경기를 시작
할 수 있는 권리.

낱말 퍼즐 4

¹ㅂ			²ㄹ		
			³ㅂ		⁴ㅌ
⁵ㅋ	⁶ㅅ				
	⁷ㅂ				
⁸ㅇ				⁹ㅌ	

퍼즐3 정답

¹전	도	요	²원		³은
서			⁴유	대	인
⁵구	⁶설	수			자
	렁		⁷은	⁸연	중
⁹데	탕	트		세	

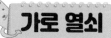

1 조선시대의 3대 화가로, 호는 혜원. 풍속화를 많이 그렸다.

4 넓은 바닷속 작은 좁쌀 하나. 무수히 많은 것 중의 미미한 존재를 비유함.

5 새벽 동이 틀 때의 빛. 희망의 징조를 말함.

6 겨울의 부채와 여름의 난로. 시기가 맞지 않아 불필요한 물건.

8 매우 아름다운 경치.

세로 열쇠

1 옛날에 사람을 판단하는 기준으로 꼽은 네 가지로 용모, 언변, 글씨, 판단력.

2 명령을 그대로 반복하여 말함. 군대에서 많이 하는 것.

3 아주 짧게 끝나는 권력. 나폴레옹이 엘바 섬을 탈출하여 통치한 짧은 기간.

6 어떤 대상을 우러러보고 그리워함.

7 호텔이나 큰 건물에서 사람들이 만나는 넓은 공간. 권력자를 몰래 만나 설득함.

낱말 퍼즐 5

1 ㅅ		2 ㅂ		3 ㅂ
		4 ㅊ		
5 ㅅ				
		6 ㄷ		7 ㄹ
	8 ㅈ			

퍼즐4 정답

1 브	로	콜	2 리	
로			3 바	게	4 트
5 커	6 서		운		레
	7 브	랜	드		이
8 여	권			9 토	너

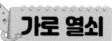 **가로 열쇠**

1 금처럼 단단하고 난초처럼 향기로운 우정.

4 산과 바다의 진귀한 음식.

6 바다 밑에 서식하는 50cm 정도의 나뭇가지 모양의 군체.

8 노인이 산을 옮긴다. 끊임없이 노력하면 이룰 수 있다.

세로 열쇠

1 비단 천에 아름다운 수를 놓은 것이라는 뜻으로, 우리나라의 빼어난 자연을 비유한 말.

2 영호남에 걸쳐 있는 산으로, 우리나라 최초의 국립공원. 1915m로 한라산 다음으로 높은 산. 청학동이 유명.

3 미터의 100분의 1 길이.

5 해가 막 솟아오르는 때.

7 긴 시간 동안 많은 양이 쏟아지는 비.

낱말 퍼즐 6

¹ㄱ		²ㅈ			³ㅅ
		⁴ㅅ	⁵ㅎ		
⁶ㅅ	⁷ㅎ				
	⁸ㅇ				

퍼즐5 정답

¹신	윤	²복		³백	
언		⁴창	해	일	속
⁵서	광			천	
판		⁶동	선	하	⁷로
	⁸절	경			비

동선하로는 하로동선이라고도 함

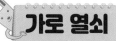 **가로 열쇠**

1 손뼉을 치며 큰 소리로 웃음.

4 겉으로 드러나지 않는 부분.

6 눈 내리는 한 겨울의 매서운 추위.

8 땅속에 묻혀 있는 것을 파내다.

세로 열쇠

2 여러 사람이나 가족의 긴 역사를 다루는 장편소설.

3 힘든 일을 해본 적도 없고 세상 물정도 모르고, 고운 얼굴에 공부만 한 사람.

5 인간으로서 최소한의 품위를 지키면서 죽을 수 있는 행위.

7 오랫동안 비가 내리지 않음. 심한 가뭄.

낱말 퍼즐 7

1 ㅂ		2 ㄷ		3 ㅂ
			4 ㅇ	
5 ㅈ				
6 ㅇ		7 ㅎ		
		8 ㅂ		

퍼즐6 정답

1금	란	2지	교	3센
수		리		티
강		4산	5해	진	미
6산	7호		돋	터
	8우	공	이	산

 **가로 열쇠**

1 1969년부터 2000년대 초까지 발행되었던 대표적인 복권.

4 홍길동전에 나오는 바다 건너 신비한 섬. 이상 사회.

6 봉투에 자신의 이름을 적어 경조사에 내는 돈.

8 더 높은 단계로 발전함. 높이 솟아오름.

9 한탄하여 한숨을 쉼.

세로 열쇠

1 군것질을 자주 하는 버릇. 심심풀이로 먹는 간식.

2 임진왜란 때 행주산성에서 큰 승리를 거둔 장군.

3 한국인은 생일이 아니라 설날에 이것을 먹어야 나이를 먹는다.

5 길에서 듣고 길에서 말하다. 항간에 떠돌아다니는 뜬소문.

7 결혼 50주년을 기념하는 의식.

낱말 퍼즐 8

¹ㅈ			²ㄱ		³ㄸ
			⁴ㅇ	⁵ㄷ	
⁶ㅂ		⁷ㄱ			
				⁸ㄷ	
	⁹ㅌ				

퍼즐7 정답

¹박	장	²대	소		³백
		하		⁴이	면
⁵존		소			서
⁶엄	동	설	⁷한		생
사			⁸발	굴	

1

9	2	5	3			1	6	8	7

9	2	5	3		1	6	8	7
8						5	4	
	4		7	8	5	9	3	2
6		8			4	7		5
2	1			3	7	8	9	6
	3	7	8	6	9			4
	5	1		9		3	6	
4		2		5			7	9
3		9	1	7			2	

퍼즐8 정답

¹주	택	복	²권		³떡
전			⁴율	⁵도	국
⁶부	조	⁷금		청	
리		혼		⁸도	약
	⁹탄	식		설	

농작물을 찾아서

1

9	2	5	3	4	1	6	8	7
8	7	3	9	2	6	5	4	1
1	4	6	7	8	5	9	3	2
6	9	8	2	1	4	7	5	3
2	1	4	5	3	7	8	9	6
5	3	7	8	6	9	2	1	4
7	5	1	4	9	2	3	6	8
4	8	2	6	5	3	1	7	9
3	6	9	1	7	8	4	2	5

속담 게임

1. 가난한 집 ㅈ ㅅ 돌아오듯 한다.

   힘든 일이 빈번하게 닥쳐온다.

2. ㅇ ㅇ ㅅ ㅊ

   먼 곳에 사는 친척보다 가까이 사는 남이 낫다.

3. 가는 날이 ㅈ ㄴ

   뭔가 해 보려 하는데 공교롭게도 방해 요소가 생긴다.

4. 갈수록 ㅌ ㅅ

사건이 해결되기는커녕 점점 더 악화된다.

5. 부부 ㅆ ㅇ 은 ㅋ 로 ㅁ 베기

부부는 싸워도 금방 화해하기 쉽다.

6. ㅅ ㄷ ㄱ 3년이면 ㅍ ㅇ 을 읊는다.

처음엔 지식이 없더라도 한 분야에 오래 있으면 지식과 경험이 생긴다.

1. 제사
2. 이웃사촌
3. 장날

7. | ㄱ | ㄹ | ㅂ | 에 옷 젖는 줄 모른다.

재산이 조금씩 계속 축나면 결국 큰 손실이 된다.

8. | ㄱ | ㄹ | 는 칠수록 고와지고

| ㅁ | 은 할수록 거칠어진다.

말이 거칠어지지 않도록 삼가야 한다.

9. | ㄱ | ㅁ | 타고 | ㅅ | ㅈ | 가기는 틀렸다.

격식을 제대로 갖춰서 일을 진행하기는 어렵게 됐다.

4. 태산
5. 싸움-칼-물
6. 서당개-풍월

10. ㄱ ㅈ 많은 나무 ㅂ ㄹ 잘 날 없다.

자식을 많이 둔 부모는 걱정이 그칠 날이 없다.

11. 싼 게 ㅂ ㅈ ㄸ

값이 싼 것은 품질이 나쁘다.

12. 말 타면 ㄱ ㅁ 잡히고 싶다.

사람 욕심은 끝이 없다.

7. 가랑비
8. 가루-말
9. 가마-시집

13. 구관이 ㅁ ㄱ 이다.

새로 온 사람보다는 그 일에 경험 있는 사람이 낫다.

14. 굽은 나무가 ㅅ ㅅ 을 지킨다.

못난 자식이 오히려 부모를 섬긴다.

15. 기왕이면 ㄷ ㅎ ㅊ ㅁ

같은 조건이며 좀 더 나은 것을 선택한다.

10. 가지-바람
11. 비지떡
12. 경마

16. ㄱ 이나 보고 ㄸ 이나 먹어라.

상관없는 일에는 괜히 참견하지 않는 것이 이롭다.

17. ㄱ ㅁ ㄱ ㄹ 3년이요

ㅂ ㅇ ㄹ 3년이라.

옛말에 새로 시집온 여자는 괜한 일은 못 들은 체하고 말수를 줄이는 것이 좋은 처세다.

18. 늦게 배운 ㄷ ㄷ ㅈ 에 날 새는 줄 모른다.

남보다 늦게 배운 사람이 오히려 더 적극적으로 행동한다.

13. 명관
14. 선산
15. 다홍치마

19. 손님과 | ㅅ | ㅅ |은 | ㅅ | ㅎ |이 지나면
악취가 난다.

환영받는 손님이라도 오래 머물면 귀찮은 존재가 된다.

20. | ㅂ | ㅈ | ㅈ |도 마주 들면 가볍다.

간단한 일이라도 여럿이 힘을 합치면 쉽게 끝낼 수 있다.

21. | ㅂ | ㄸ | ㅁ |의 소금도 집어넣어야 짜다.

손쉬운 작업이라도 정성을 기울여야 결과가 이루어진다.

16. 굿-떡
17. 귀머거리-벙어리
18. 도둑질

22. ㅂ ㅅ ㄹ 가 더 요란하다.

아는 것도 별로 없는 사람이 오히려 더 잘난 체한다.

23. ㅇ ㅇ 하고는 살아도 ㄱ 하고는 못 산다.

답답한 성격보다는 애교와 눈치가 있는 편이 낫다.

24. 남의 ㅈ ㅅ 에 ㄱ 놔라 ㅂ 놔라 한다.

본인과 상관없는 일에 간섭하지 마라.

19. 생선-사흘
20. 백지장
21. 부뚜막

25. [ㅈ][ㄹ] 보고 놀란 가슴
[ㅅ][ㄸ][ㄲ] 보고 놀란다.

한번 크게 혼이 나면 비슷한 것을 보고도 두려워진다.

26. 잘되면 [ㅅ]이 석 잔, 못 되면 [ㅃ]이 석 대.

결혼 중매는 잘 돼 봐야 보답이 적고, 잘못되면 원망을 듣는다.

27. 제 [ㅇ][ㄱ] 못나서 [ㄱ][ㅇ] 깬다.

자기 잘못은 제쳐 놓고 남을 탓한다.

22. 빈 수레
23. 여우-곰
24. 제사-감-배

32

28. 처삼촌 □ 를 ㅂ ㅊ 하듯 한다.

일을 성의 없이 대충하는 것을 묘사하는 말.

29. ㅍ ㄱ 없는 ㅁ ㄷ 없다.

큰 잘못을 저지른 사람이라도 핑계거리는 있는 법이다.

30. ㅎ 가 부지런하면 ㅅ ㅂ 이 느리다.

말로만 떠드는 사람은 정작 실천을 못한다.

25. 자라-솥뚜껑
26. 술-뺨
27. 얼굴-거울

31. 열 길 ㅁ ㅅ 은 알아도
한 길 ㅅ ㄹ ㅅ 은 모른다.

사람은 속마음을 감추기 때문에 알기 어렵다.

32. ㅈ ㄱ ㅁ 에도 ㅂ 들 날 있다.

고생하고 힘들게 사는 사람에게도 좋은 날이 있다.

33. 말 한 ㅁ ㄷ 에 ㅊ ㄴ ㅂ 도 갚는다.

인생에서 말은 정말 중요하고 잘하면 남을 설득시킬 수 있다.

28. 묘-벌초
29. 핑계-무덤
30. 혀-손발

34. ⬜ㅁ이 ⬜ㅆ가 된다.

> 언어에는 힘이 있어서 항상 말하면 그것이 이루어진다.

35. ⬜ㄴ⬜ㅅ 먹고 ⬜ㅌ⬜ㄹ한다.

> 실속은 없이 허세를 부린다.

36. ⬜ㅂ보다 ⬜ㅂ⬜ㄲ이 더 크다.

> 부수적인 것과 본질적인 것이 뒤바뀌다.

31. 물속-사람 속
32. 쥐구멍-볕
33. 마디-천냥 빚

37. | ㅈ | ㄹ | ㅇ | 도 밟으면 | ㄲ | ㅌ | 한다.

보잘것없는 사람도 너무 업신여기면 반항한다.

38. | ㄷ | 쫓던 개 | ㅈ | ㅂ | 쳐다본다.

애써 진행하던 일이 실패로 돌아가다.

39. | ㅂ | 는 익을수록 | ㄱ | ㄱ | 를 숙인다.

경험과 경륜이 쌓일수록 겸손해진다.

34. 말-씨
35. 냉수-트림
36. 배-배꼽

40. ㅂ ㅅ 가 ㅎ ㅅ 따라가면 ㄱ ㄹ ㅇ 찢어진다.

자신의 분수에 맞지 않게 무리한 짓을 하면 오히려 해를 입는다.

41. 거지가 ㄷ ㅅ ㅈ 를 불쌍타 한다.

자기 처지는 생각하지 못하고 자기보다 나은 사람을 동정한다.

42. 거짓말이 ㅇ ㅅ ㅊ 보다 낫다.

거짓말도 경우에 따라서는 처세에 도움이 된다.

37. 지렁이-꿈틀
38. 닭-지붕
39. 벼-고개

43. 과부 ㅅ ㅇ은 ㅎ ㅇ ㅂ 가 안다.

불행한 처지는 그 일을 당해 보았거나 비슷한 처지에 있는 사람이 알 수 있다.

44. ㄱ 에서 ㅇ ㅅ 이 난다.

곳간에 곡식이 있어야 남에게 도움을 베풀 수 있고 그럴 마음의 여유가 생긴다.

45. ㄱ ㅇ 한 장 아끼다가 ㄷ ㄷ ㅂ 썩힌다.

작은 것을 아끼려 하다가 결국엔 오히려 더 큰 손해를 초래하게 된다.

40. 뱁새-황새-가랑이
41. 도승지
42. 외삼촌

46. ㅁ ㅈ 놈 옆에 있다가 ㅂ ㄹ 맞는다.

나쁜 사람과 함께 있으면 피해를 당하게 된다.

47. ㅅ ㅎ 굶어 ㄷ 아니 넘을 놈 없다.

아무리 바른 사람이라도 오래 굶주리면 무슨 짓이든 할 수 있게 된다.

48. 소도 ㅇ ㄷ 이 있어야 비빈다.

뭔가를 이루어내려면 의지할만한 곳이 반드시 있어야 한다.

43. 설움-홀아비
44. 광-인심
45. 기와-대들보

49. 쏘아 놓은 ㅅ 이요 엎지른 ㅁ 이다.

이미 저지른 일은 다시 돌이킬 수 없다.

50. 오 리를 보고 ㅅ ㄹ 를 간다.

작은 이익이나마 얻기 위해서는 큰 노력을 기울여야 한다.

51. 잘되면 ㅈ ㅌ 못되면 ㅈ ㅅ ㅌ

성공하면 자기의 공으로 돌리고 실패하면 남의 탓으로 돌린다.

46. 모진-벼락
47. 사흘-담
48. 언덕

52. 오르지 못할 ㄴ ㅁ 는 쳐다보지도 마라.

이룰 수 없는 일은 생각도 하지 마라.

53. 우물에서 ㅅ ㄴ 찾기

당장 바라는 것만 생각하고 일의 절차를 생각하지 못한다.

54. ㄴ ㄱ 놈의 몫은 있어도
ㅈ ㄴ 놈의 몫은 없다.

게으른 사람에게는 혜택이 돌아가지 않는다.

49. 살-물
50. 십 리
51. 제 탓-조상 탓

55. ⬚ㅇ⬚ 도 보고 ⬚ㅃ⬚ 도 딴다.

좋은 일을 한꺼번에 겸하여 얻게 된다.

56. 나중에 ⬚ㅅ⬚ ⬚ㅅ⬚ ⬚ㄱ⬚ ⬚ㅅ⬚ 에 갈지라도.

훗날 아주 힘든 상황에 처할지도 모르지만 당장은 하고 싶은 일을 하겠다.

57. 하던 짓도 ⬚ㅁ⬚ ⬚ㅅ⬚ 펴 놓으면 안 한다.

평소에 잘하던 행동도 권하면 안 한다.

52. 나무
53. 숭늉
54. 나간-자는

58. ㅎ ㅅ 에 죽으나 ㅊ ㅁ 에 죽으나

하루 차이니까 별 차이가 없다.

59. 아무리 바빠도 ㅂ ㄴ ㅎ ㄹ 에

매어 못 쓴다.

아무리 급해도 순서와 절차를 거쳐야 한다.

60. ㅂ 은 입으로 들어가고 ㅎ 는 입에서 나온다.

질병은 음식 때문이고 재앙은 말 때문이다.

61. ㅍ ㅇ ㄱ ㅅ 도 저 싫으면 그만이다.

아무리 좋은 일이라도 내키지 않으면 할 수 없다.

62. 부잣집 ㅇ ㅅ 보다 거지 ㅁ ㄷ 이 좋다.

장사할 때는 값을 나중에 받기로 하고 많이 파는 것보다 적게 팔아도 즉석에서 대금을 받는 편이 좋다.

63. 열두 가지 ㅈ ㅈ 가진 놈이
ㅈ ㄴ ㄱ ㄹ 가 없다.

기술을 너무 많이 갖고 있으면 오히려 한 가지도 성공하기 어렵다.

58. 한식-청명
59. 바늘허리
60. 병-화

44

64. 지척이 ㅊ ㄹ 라.

가까이 살면서도 자주 만나지 못하거나 마음이 가지 않는 경우.

65. ㅂ 도 잡고 나면 ㅂ ㅆ 하다.

나쁜 짓을 많이 저지른 자라도 죽고 나면 동정심이 생긴다.

61. 평안감사 (평양감사 ✕)

62. 외상-맞돈

63. 재주-저녁거리

SUDOKU
스도쿠

2

		5	7				8	9
	6		8	9	1			5
	8	9		5	3	2	7	6
6	9			8	2	5		7
4	7	8	5			6	1	2
2	5	1	6	7		8	9	3
9	1	7		6	8	3	5	
5		4		1		9	6	
8	3	6	9	4	5	7		

64. 천리

65. 범-불쌍

46

마법의 거울을 찾아서

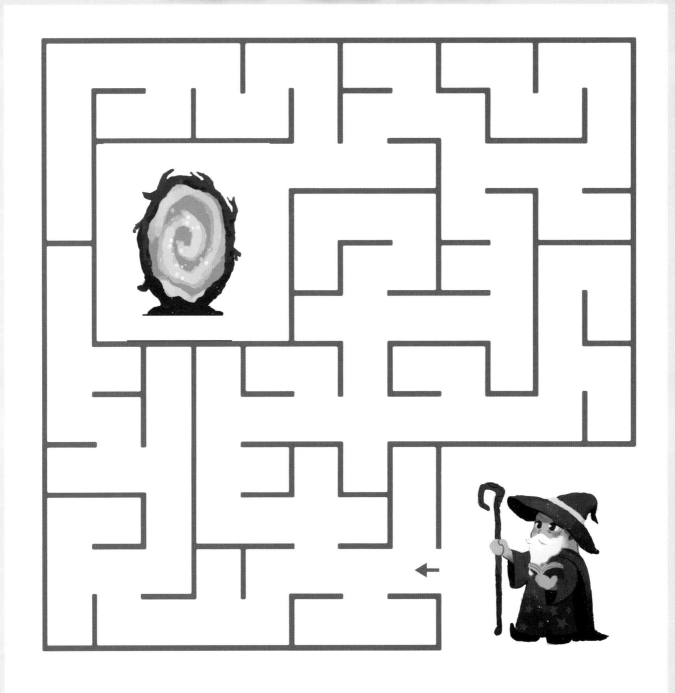

②

3	4	5	7	2	6	1	8	9
7	6	2	8	9	1	4	3	5
1	8	9	4	5	3	2	7	6
6	9	3	1	8	2	5	4	7
4	7	8	5	3	9	6	1	2
2	5	1	6	7	4	8	9	3
9	1	7	2	6	8	3	5	4
5	2	4	3	1	7	9	6	8
8	3	6	9	4	5	7	2	1

일반 퀴즈

1. 짓궂은 장난을 즐기는 철없는 어린아이.

2. 암컷 고양이.

3. 사람의 대신 일을 해주는 기계.

4. 여러 가지 음식을 차려 놓고 손님이 알아서 골라먹을 수 있는 식당.

5. 얼마 동안의 날, 몇 번째 날.

6. 등받이가 있고 여럿이 앉을 수 있는 의자로 거실에 있음.

7. 식사할 때 국물을 떠먹는 도구.

8. 고기와 채소 등에 물을 붓고 갖은 양념을 하여 끓인 음식.

1. 개구쟁이 (개구장이×)

2. 암코양이 (암고양이×)

3. 로봇 (로보트×)

4. 뷔페 (부페×)

9. 주제넘게 남의 일에 참견함.

| ㅇ | ㅈ | ㄹ |

10. 9월 다음에 오는 달.

| ㅅ | ㅇ |

11. 번개가 친 다음 크게 울리는 소리.

| ㅇ | ㄹ |

12. 자기가 마땅히 해야 할 임무나 직책.

| ㅇ | ㅎ |

5. 며칠 (몇일×)

6. 소파 (쇼파×)

7. 숟가락 (숫가락×)

8. 찌개 (찌게×)

13. 오월 다음에 오는 달.

| ㅇ | ㅇ |

14. 산산이 부서져 흩어짐.

| ㅍ | ㅂ | ㅂ | ㅅ |

15. 밤낮으로 쉬지 않고 계속해서.

| ㅈ | ㅇ | ㅈ | ㅊ |

16. 남에게 씌운 억울한 누명이나 걱정.

| ㄷ | ㅌ | ㄱ |

9. 오지랖 (오지랍×)

10. 시월 (십월×)

11. 우레 (우뢰×)

12. 역할 (역활×)

17. 반찬을 밥 위에 얹어 먹는 음식.

18. 승려나 농악대가 머리에 쓰는 뾰족한 모자.

19. 귀밑에서 턱까지 난 수염.

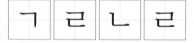

20. 한 토막의 말이나 글.

13. 유월 (육월×)

14. 풍비박산 (風飛雹散, 풍지박산×)

15. 주야장천 (晝夜長川, 주구장창×)

16. 덤터기 (덤테기×)

21. 한 어머니에게서 동시에 태어난 두 아이.

22. 어떤 일이 이루어지길 원하는 마음.

23. 식사 후에 그릇을 씻어서 정리하는 일.

24. 돼지나 소를 불에 통째로 구운 요리.

17. 덮밥 (덥밥×)

18. 고깔 (꼬깔×)

19. 구레나룻 (구렛나루×)

20. 구절 (귀절×)

25. 개의 수컷.

| ㅅ | ㅋ |

26. 당연히, 언제나 틀림없이.

| ㅇ | ㄹ |

27. 어떤 기준에 미치지 못하는 작은 조각.

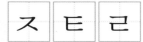

| ㅈ | ㅌ | ㄹ |

28. 나무나 풀의 살아 있는 낱 잎.

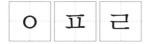

| ㅇ | ㅍ | ㄹ |

21. 쌍둥이 (쌍동이×)

22. 바람 (바램×)

23. 설거지 (설겆이×)

24. 바비큐 (바베큐×)

54

29. 종아리에서 불룩한 살 부분.

| ㅈ | ㄸ | ㅈ |

30. 어린 젖먹이 아이.

| ㅇ | ㄱ |

31. 그 다음날.

| ㅇ | ㅌ | ㄴ |

32. 의류와 이불을 넣어두는 수납 공간.

| ㅈ | ㄹ |

25. 수캐 (숫개×)
26. 으레 (의례×)
27. 자투리 (짜투리×)
28. 이파리 (잎파리×)

55

33. 얼굴에서 눈과 귀 사이 지점에서 살짝 윗부분.

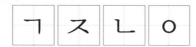

34. 아이를 한 살 터울로 낳음.

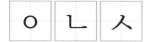

35. 벽에 글이나 그림을 붙여 사람들이 보게 하는 판.

36. 깨닫거나 익히도록 일러주다, 교육하다.

29. 장딴지(장단지×)

30. 아기(애기×)

31. 이튿날 (이튼날×)

32. 장롱 (장농×)

37. 놀라게 하다, 놀라게 만들다.

38. 오랜 기다림 끝에 처음으로 이루어짐.

39. 수컷 강아지.

40. 나누지 않은 덩어리 그대로.

33. 관자놀이 (관자노리×)

34. 연년생 (연연생×)

35. 게시판 (계시판×)

36. 가르치다 (가르키다, 가리키다×)

41. 돛을 달지 않은 작은 배.

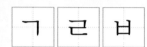

42. 작년보다 한 해 전.

43. 화장하지 않은 여자 얼굴.

44. 뭔가 배우다가 도중에 그만둔 사람.

37. 놀래다 (놀래키다×)

38. 비로소 (비로서×)

39. 수캉아지 (숫강아지×)

40. 통째로 (통체로×)

45. 아궁이에 불을 땔 때 쓰는 막대기.

46. 바다에서 해산물을 채취하는 처녀.

47. 산삼 캐는 것을 업으로 삼는 사람.

48. 여성적이고 수줍음을 많이 타는 남자.

41. 거룻배
42. 그러께
43. 민낯
44. 반거들충이

49. 잘못도 없이 누명을 쓰다.

 ㅇ ㅁ 하다

50. 2년, 두 해.

 ㅇ ㅌ

51. 키가 작은 사람을 가리키는 말.

 ㄷ ㅅ

52. 살이 별로 없이 몹시 마른 사람.

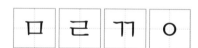 ㅁ ㄹ ㄲ ㅇ

45. 부지깽이
46. 비바리
47. 심마니
48. 암사내

53. 어떤 일이 생기고 나서 다시 그런 일이 일어난 후에.

54. 간단하게 챙긴 보따리짐.

55. 남보다 늦게 사리를 깨닫는 사람.

56. 길을 걷는 데 드는 수고.

ㄷ	ㄹ	ㅍ

49. 애매

50. 이태

51. 단신

52. 말라깽이

SUDOKU
스도쿠

3

3		7	2	1	9			
6	4			3	8	5	9	2
	9	8		6	5		3	7
8	1		9	2	4		7	5
			5	8		3	2	4
	2	5		7		9		1
1			6			7	5	3
5	7	6	8			2	1	9
9	3			5		8		6

53. 오랜만에 (오랫만에×)

54. 단봇짐

55. 늦깍이

56. 다리품

무전기를 찾아서

3	5	7	2	1	9	4	6	8
6	4	1	7	3	8	5	9	2
2	9	8	4	6	5	1	3	7
8	1	3	9	2	4	6	7	5
7	6	9	5	8	1	3	2	4
4	2	5	3	7	6	9	8	1
1	8	4	6	9	2	7	5	3
5	7	6	8	4	3	2	1	9
9	3	2	1	5	7	8	4	6

한자 성어

1. 여러 사람이 자기 의견을 떠드는데 그것을 막을 수 없다.

ㅈ	ㄱ	ㄴ	ㅂ

2. 까마귀 날자 배 떨어진다. 아무 상관없는 일이지만 공교롭게 동시에 일어나서 의심을 받게 됨.

ㅇ	ㅂ	ㅇ	ㄹ

3. 신발을 신은 채로 발바닥을 긁어봤자 시원하지 않다. 열심히 일을 해도 목적을 달성할 수 없다.

ㄱ	ㅎ	ㅅ	ㅇ

4. 팔과 다리처럼 소중한 신하. 믿을 수 있는 부하.

ㄱ	ㄱ	ㅈ	ㅅ

64

5. 고상하고 수준 높은 토론. 잘난 체하며 과장하는 이야기.

6. 주머니 속의 송곳. 재능이 뛰어난 사람은 숨어 있어도 눈에 띈다.

7. 여러 방면에 능통한 사람.

| ㅍ | ㅂ | ㅁ | ㅇ |

8. 도끼를 갈아서 바늘을 만든다. 매우 힘든 일일지라도 인내하고 계속 노력하면 결국에는 성공하게 됨.

| ㅁ | ㅂ | ㅈ | ㅊ |

1. 중구난방(衆口難防)

2. 오비이락(烏飛梨落)

3. 격화소양(隔靴搔痒)

4. 고굉지신(股肱之臣)

9. 보석과 돌멩이가 한꺼번에 불타 버림. 착한 이와 못된 이가 모두 피해를 당함.

| ㅇ | ㅅ | ㄱ | ㅂ |

10. 활에서 퉁겨 나온 강한 화살의 힘도 결국엔 비단조차 뚫지 못한다.

| ㄱ | ㄴ | ㅈ | ㅁ |

11. 집안이 화목하면 모든 일이 잘 되어 나감.

| ㄱ | ㅎ | ㅁ | ㅅ | ㅅ |

12. 남의 비위를 맞춰 꾸며낸 달콤한 말.

| ㄱ | ㅇ | ㅇ | ㅅ |

5. 고담준론(高談峻論)

6. 낭중지추(囊中之錐)

7. 팔방미인(八方美人)

8. 마부작침(磨斧作針)

13. 두 사람의 우열을 가리기 어려움. 누가 위고 누가 아래인지 판단이 어려움.

ㄴ ㅎ ㄴ ㅈ

14. 과거의 잘못을 뉘우치고 착하게 변함.

ㄱ ㄱ ㅊ ㅅ

15. 무엇이든 통달하여 모르는 것이 없음.

ㅁ ㅂ ㅌ ㅈ

16. 세월이 흘러 상황이 몰라보게 달라짐.

ㄱ ㅅ ㅈ ㄱ

9. 옥석구분(玉石俱焚)

10. 강노지말(剛弩之末)

11. 가화민사성(家和萬事成)

12. 감언이설(甘言利說)

17. 나라 또는 조직에서 큰일을 맡을만한 인재.

ㄷ	ㄹ	ㅈ	ㅈ

18. 일을 벌인 사람이 마무리도 짓는다.

ㄱ	ㅈ	ㅎ	ㅈ

19. 인생을 사는 동안 겪는 온갖 고생.

ㅁ	ㄱ	ㅍ	ㅅ

20. 몹시 마음을 쓰며 걱정을 함.

ㄴ	ㅅ	ㅊ	ㅅ

13. 난형난제(難兄難弟)

14. 개과천선(改過遷善)

15. 무불통지(無不通知)

16. 격세지감(隔世之感)

21. 홀로 떨어져 도움을 받을 수 없음.

| ㄱ | ㄹ | ㅁ | ㅇ |

22. 현실보다 너무 부풀려서 생각하고 그것을 사실이라고 믿어 버리는 상태.

| ㄱ | ㄷ | ㅁ | ㅅ |

23. 눈을 비비고 상대를 봄. 남의 실력이 크게 향상됨을 비유.

| ㄱ | ㅁ | ㅅ | ㄷ |

24. 차마 눈뜨고 쳐다볼 수 없는 비참한 광경이나 꼴불견

| ㅁ | ㅂ | ㅇ | ㄱ |

17. 동량지재(棟梁之材)

18. 결자해지(結者解之)

19. 만고풍상(萬占風霜)

20. 노심초사(勞心焦思)

25. 작은 사마귀가 수레바퀴에 대적함. 분수를 모르고 강대한 적에게 맞서다.

ㄷ	ㄹ	ㄱ	ㅊ

26. 흙먼지를 일으키며 다시 쳐들어온다. 예전의 세력을 회복함.

ㄱ	ㅌ	ㅈ	ㄹ

27. 바깥 세상과 인연을 끊고 집에 틀어박힘.

ㄷ	ㅁ	ㅂ	ㅊ

28. 아무리 기다려도 상황이 호전되지 않음.

ㅂ	ㄴ	ㅎ	ㅊ

21. 고립무원(孤立無援)

22. 과대망상(誇大妄想)

23. 괄목상대(刮目相對)

24. 목불인견(目不忍見)

29. 끓는 연못으로 둘러싸인 강철의 성. 난공불락의 성.

| ㄱ | ㅅ | ㅌ | ㅈ |

30. 때가 너무 늦음을 한탄함.

| ㅁ | ㅅ | ㅈ | ㅌ |

31. 모든 것을 걸고 마지막 승부를 겨루다.

| ㄱ | ㄱ | ㅇ | ㅊ |

32. 사실을 바른대로 얘기함.

| ㅇ | ㅅ | ㅈ | ㄱ |

25. 당랑거철(螳螂拒轍)

26. 권토중래(捲土重來)

27. 두문불출(杜門不出)

28. 백년하청(百年河淸)

33. 적을 우습게 보면 반드시 패배한다.

| ㄱ | ㅈ | ㅍ | ㅍ |

34. 언행이 무례하고 제멋대로 행동함.

| ㅂ | ㅇ | ㅁ | ㅇ |

35. 입으로는 달콤한 말을 하지만 속내는 칼을 품고 있음.

| ㄱ | ㅁ | ㅂ | ㄱ |

36. 괴로움이나 즐거움이나 항상 함께 함.

| ㄷ | ㄱ | ㄷ | ㄹ |

29. 금성탕지(金城湯池)

30. 만시지탄(晚時之歎)

31. 건곤일척(乾坤一擲)

32. 이실직고(以實直告)

37. 권력은 영구적인 것이 아니고 계속 변함. 권세는 10년 이상 지속하지 않음.

| ㄱ | ㅂ | ㅅ | ㄴ |

38. 천리 떨어진 먼 곳도 멀다고 생각하지 않음.

| ㅂ | ㅇ | ㅊ | ㄹ |

39. 옷의 띠만큼 좁은 강. 상대편과의 사이에 강이나 바다를 끼고 있으나 가까이 접함.

| ㅇ | ㅇ | ㄷ | ㅅ |

40. 매우 많은 손님들이 계속 찾아옴.

| ㅊ | ㄱ | ㅁ | ㄹ |

33. 경적필패(輕敵必敗)

34. 방약무인(傍若無人)

35. 구밀복검(口蜜腹劍)

36. 동고동락(同苦同樂, 동거동락×)

41. 모든 일이 뜻대로 이루어짐.

| ㅁ | ㅅ | ㅎ | ㅌ |

42. 등잔 밑이 어둡다. 가까운 곳에 있는 것을 오히려 알지 못함.

| ㄷ | ㅎ | ㅂ | ㅁ |

43. 한가롭고 걱정이 없음. 속세에 얽매이지 않고 여유 있게 삶.

| ㅇ | ㅇ | ㅈ | ㅈ |

44. 자기가 저지른 일의 과보를 자기가 받게 됨.

| ㅈ | ㅇ | ㅈ | ㄷ |

37. 권불십년(權不十年)

38. 불원천리(不遠千里)

39. 일의대수(一衣帶水)

40. 천객만래(千客萬來)

45. 남보다 먼저 착수하면 상대를 제압할 수 있음.

| ㅅ | ㅈ | ㅈ | ㅇ |

46. 옳고 그름을 묻지도 않고 다짜고짜.

| ㅂ | ㅁ | ㄱ | ㅈ |

47. 한바탕 싸움을 마다하지 않음. 전쟁에 대한 의지를 나타냄.

| ㅇ | ㅈ | ㅂ | ㅅ |

48. 가난한 사람은 남에게 굽히는 일이 많아서 졸장부가 되기 쉬움.

| ㅂ | ㅈ | ㅅ | ㅇ |

41. 만사형통(萬事亨通)

42. 등하불명(燈下不明)

43. 유유자적(悠悠自適)

44. 자업자득(自業自得)

49. 바다는 모든 물을 사양하지 않는다. 큰 인물은 모든 사람을 받아들인다.

| ㅎ | ㅂ | ㅇ | ㅅ |

50. 낙엽이 하나 떨어지는 걸 보고 가을이 옴을 깨달음.

| ㅇ | ㅇ | ㅈ | ㅊ |

51. 황하가 수없이 구부러져 흐르더라도 결국은 동쪽으로 간다. 충심 있는 사람의 의지는 꺾을 수 없다.

| ㅁ | ㅈ | ㅍ | ㄷ |

52. 가장 뛰어난 것은 물과 같다. 겸손함이 가장 좋은 처세다.

| ㅅ | ㅅ | ㅇ | ㅅ |

45. 선즉제인(先則制人)
46. 불문곡직(不問曲直)
47. 일전불사(一戰不辭)
48. 빈자소인(貧者小人)

53. 떠들어대는 사람은 사실은 알지 못한다.

ㅇ ㅈ ㅂ ㅈ

54. 기가 막혀서 말문이 막힘. 말로 표현할 수 없음.

ㅇ ㅇ ㄷ ㄷ

55. 돛이 뒤에서 부는 바람을 받아 배가 잘 달림. 일의 진행이 아주 순조로움.

ㅅ ㅍ ㅁ ㅂ

56. 남 모르게 밤 사이에 도망침.

ㅇ ㅂ ㄷ ㅈ

49. 해불양수(海不讓水)

50. 일엽지추(一葉知秋)

51. 만절필동(萬折必東)

52. 상선약수(上善若水)

4

	4	5		1		2	3	
7		9		6		8	5	4
6	2	3	5		8		1	
	5	8			6	3	7	2
	7		3		4		8	5
	3	1				4	6	
	6	2	9		7	5		8
5	9		4		1	6		3
3		4		5	2	7	9	1

불을 찾아서

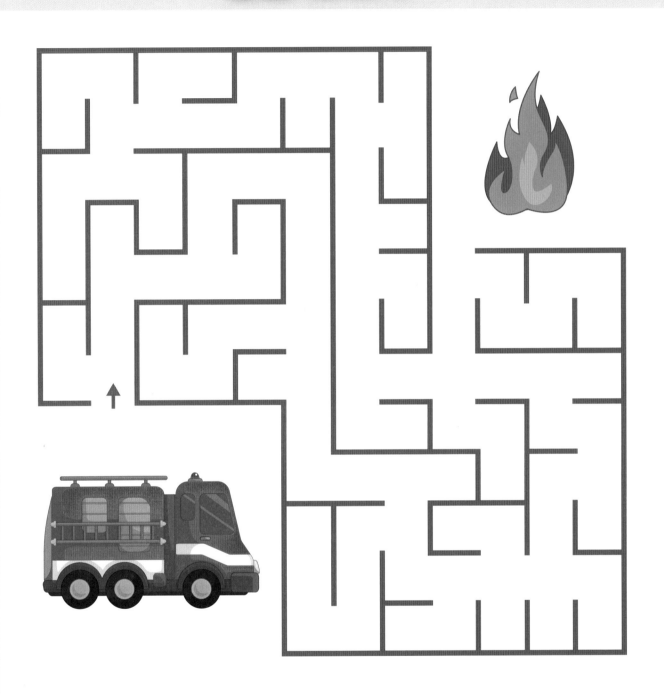

④

8	4	5	7	1	9	2	3	6
7	1	9	2	6	3	8	5	4
6	2	3	5	4	8	9	1	7
4	5	8	1	9	6	3	7	2
9	7	6	3	2	4	1	8	5
2	3	1	8	7	5	4	6	9
1	6	2	9	3	7	5	4	8
5	9	7	4	8	1	6	2	3
3	8	4	6	5	2	7	9	1

연상단어 게임

♥ 주어진 세 개의 단어를 보고 공통적으로 연상되는 단어를 맞혀 보세요.

	예	
고스톱	포커	경마

ㄷ	ㅂ

정답 **도박**

1.
단풍	독서	추석

ㄱ	ㅇ

2.
계산기	부팅	게임

ㅋ	ㅍ	ㅌ

3.   비행기   결혼   벌꿀

ㅅ	ㅎ	ㅇ	ㅎ

4.   목장   하얀색   성장

ㅇ	ㅇ

5.   안경   산악   실내

ㅈ	ㅈ	ㄱ

6.   코로나   감기   일회용

ㅁ	ㅅ	ㅋ

1. 가을
2. 컴퓨터

7. 얼룩말 | 여름날 | 검정씨

ㅅ	ㅂ

8. 숫자 | 세월 | 빨강

ㄷ	ㄹ

9. 야구선수 | 탐정 | 헬멧

ㅁ	ㅈ

10. 소혹성 | 장미 | 여우

ㅇ	ㄹ	ㅇ	ㅈ

11.　　부산　　　바다　　　조나단

ㄱ	ㅁ	ㄱ

12.　　나무　　　컵　　　돈

ㅈ	ㅇ

13.　　신내림　　　귀신　　　작두

ㅁ	ㄷ

14.　　단어　　　책　　　백과

ㅅ	ㅈ

7. 수박

8. 달력

9. 모자

10. 어린왕자

15. 아테네 | 4년 | 메달

| ㅇ | ㄹ | ㅍ |

16. 도시락 | 실내화 | 시험

| ㅎ | ㄱ |

17. 글러브 | 정글 | 사각

| ㄱ | ㅌ |

18. 오토바이 | 꼬꼬댁 | 맥주

| ㅊ | ㅋ |

11. 갈매기
12. 종이
13. 무당
14. 사전

19. 기타 　 오디션 　 마이크

ㄱ	ㅅ

---

20. 출근 　 관광 　 카드

ㅂ	ㅅ

---

21. 가죽 　 돈 　 카드

ㅈ	ㄱ

---

22. 재물 　 궁합 　 생일

ㅅ	ㅈ

15. 올림픽

16. 학교

17. 권투

18. 치킨

23. 버튼 | 컴퓨터 | 건반

| ㅋ | ㅂ | ㄷ |

24. 박스 | 배달 | 조회

| ㅌ | ㅂ |

25. 노래 | 기도 | 일요일

| ㄱ | ㅎ |

26. 무표정 | 도박 | 카드

| ㅍ | ㅋ |

27. 헌팅   비키니   모래

ㅎ	ㅅ	ㅇ	ㅈ

28. 해산물   생일   산모

ㅁ	ㅇ	ㄱ

29. 기생충   침수   곰팡이

ㅂ	ㅈ	ㅎ

30. 흉내   웃음   개그맨

ㅅ	ㄷ	ㅁ	ㅅ

23. 키보드
24. 택배
25. 교회
26. 포커

87

31.　　　구멍　　　출입구　　　삽입

ㅇ	ㅅ

32.　　　영화　　　소설　　　불사신

ㅈ	ㅇ	ㄱ

33.　　　2대1　　　경쟁　　　연적

ㅅ	ㄱ	ㄱ	ㄱ

34.　　　이름　　　가게　　　전화번호

ㄱ	ㅍ

27. 해수욕장

28. 미역국

29. 반지하

30. 성대모사 (성대묘사×)

35.   포장   지하   횡단

ㄷ ㄹ

36.   모자   산   땀

ㄷ ㅅ

37.   호주   주머니   초식

ㅋ ㄱ ㄹ

38.   개구장이   전화   재미

ㅈ ㄴ

31. 열쇠
32. 주인공
33. 심각관계
34. 간판

39.　　일본　　카드　　48장

ㅎ　ㅌ

40.　　나머지　　정산　　동전

ㄱ　ㅅ　ㄹ　ㄷ

41.　　동갑　　환갑　　연세

ㄴ　ㅇ

42.　　신분　　군대　　어깨

ㄱ　ㄱ

43.   족보   상류   과거

| ㅇ | ㅂ |

---

44.   여름   향   주사

| ㅁ | ㄱ |

---

45.   운세   얼굴   예언

| ㄱ | ㅅ |

---

46.   안전   허리   그린

| ㅂ | ㅌ |

47.　　　해　　　　달　　　정거장

ㅇ	ㅈ

48.　　피라미드　　콜로세움　　타지마할

ㅂ	ㄱ	ㅅ	ㅇ

49.　　생일　　　운명　　　철학

ㅅ	ㅈ	ㅍ	ㅈ

50.　　다방　　　시간　　　손가락

ㅇ	ㅅ

43. 양반
44. 모기
45. 관상
46. 벨트

51. 팬데믹 | 화이자 | 면역

ㅂ ㅅ

52. 예술 | 붓 | 명필

ㅅ ㅇ

53. 액체 | 화산 | 바위

ㅇ ㅇ

54. 석유 | 용기 | 환경호르몬

ㅍ ㄹ ㅅ ㅌ

5

2	9	1	4				6	5
	4	6		7	1	3		9
	8	3	6		9	4		
3				2	6			
8	2	7	3			9		
						5	3	
1	5	8				6	4	3
6	3	9	8	1		2	5	7
	7	2	5	6	3	1		8

51. 백신

52. 서예

53. 용암

54. 플라스틱

출구를 찾아서

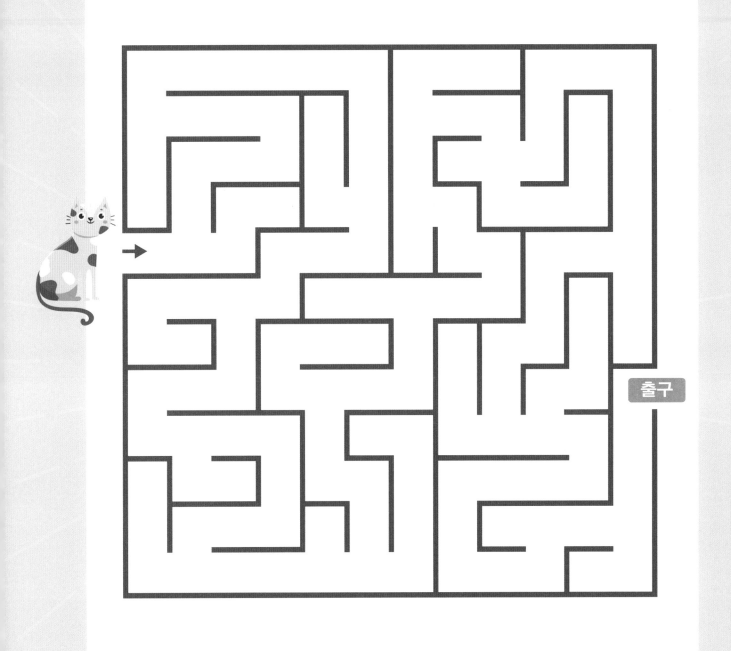

출구

5	2	9	1	4	3	8	7	6	5
	5	4	6	2	7	1	3	8	9
	7	8	3	6	5	9	4	2	1
	3	1	5	9	2	6	8	7	4
	8	2	7	3	4	5	9	1	6
	9	6	4	1	8	7	5	3	2
	1	5	8	7	9	2	6	4	3
	6	3	9	8	1	4	2	5	7
	4	7	2	5	6	3	1	9	8

인명 맞히기

인명 1

ㅇ	ㅇ	ㅅ	ㅌ	ㅇ

1 독일 출신이지만 스위스인이 되었다가 나중에 미국인이 된 과학자.

2 1921년 노벨물리학상 수상. 상대성이론으로 유명.

3 유대인으로서 독일에서 박해를 받음.

인명 2

ㅂ	ㅈ	ㅁ	ㅍ	ㄹ	ㅋ	ㄹ

1 미국 독립의 아버지. 미국 독립전쟁 때 프랑스의 원조를 얻어냄.

2 대통령은 아니었지만 현재 미국의 가장 고액권 지폐에 얼굴이 들어감.

3 피뢰침과 다초점렌즈 발명.

인명 3

ㅊ	ㄱ	ㅂ	ㄹ

1 아르헨티나 출신의 의사.

2 세계적인 혁명가.

3 쿠바의 지폐 인물이 됨.

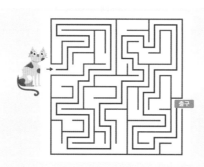

인명 4

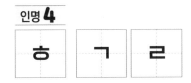

¹ 조선시대에 차별을 받은 평안도 출신.

² 과거시험에 실패하고 출세를 포기함.

³ 세도가의 폭정에 저항해서 봉기. 전투를 지휘하여 관군에 대항함.

인명 5

¹ 조선 말기의 혁명가.

² 갑신정변의 주인공.

³ 일본에서 망명 생활. 상하이에서 암살당함.

인명 6

ㅊ ㅊ ㅁ ㅎ

¹ 중국 역사상 가장 크게 출세한 여자.

² 당나라 시대 후궁으로 입궁하여 황후에 등극.

³ 중국 역사상 유일한 여자 황제로 15년간 통치.

1. 아인슈타인

2. 벤저민 프랭클린

3. 체 게바라

인명 7

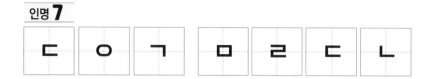

¹ 165cm 단신으로 팀을 월드컵에서 우승시킴.

² 신의손 사건으로 유명한 축구 선수.

³ 스페인과 이탈리아 리그에서 활약함.

인명 8

¹ 장원급제 했으나 벼슬을 포기한 채 삿갓 쓰고 방랑함.

² 안동 김씨로 본명은 김병연.

³ 19세기 민중시인으로 재능을 펼침.

인명 9

¹ 영국의 혁명가로 내전에서 왕당파를 무찌름.

² 권력을 잡아서 국왕 찰스 1세를 처형하고 공화국을 수립.

³ 그의 사후에 왕정복고가 이루어짐.

4. 홍경래

5. 김옥균

6. 측천무후

인명 10

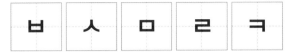

1 프로이센의 철혈 재상.

2 오스트리아를 격파하고 프랑스까지 무찌른 전략가.

3 19세기 독일 연방을 통일시킨 외교술의 천재.

인명 11

1 위선적인 양반 계층을 비판함.

2 〈허생전〉〈열하일기〉를 저술한 문필가.

3 청나라의 좋은 점을 배우자고 주장함.

인명 12

1 종신고용이라는 경영철학.

2 경영의 신, 1000년간 가장 위대한 기업가(아사히신문 선정).

3 파나소닉 창업자.

7. 디에고 마라도나

8. 김삿갓

9. 올리버 크롬웰

인명 13

1 천주교인들을 학살하고 서양 세력을 배척.

2 자신이 선택한 며느리 명성황후와 권력투쟁을 벌이다가 쫓겨남.

3 경복궁 재건.

인명 14

1 미국인으로서 북한 김정은과 친구.

2 농구 리바운드 분야에서 대단한 재능을 발휘함.

3 처음엔 디트로이트 피스톤즈에서 선수 생활 시작.

인명 15

1 위대한 음악가이자 평화운동가.

2 비틀즈의 멤버.

3 총탄에 암살당함.

인명 16

| ㅍ | ㄷ | ㅋ | ㅅ | ㅌ | ㄹ |

[1] 중남미의 혁명가이자 독재자.

[2] 무려 52년간 집권으로 20세기 최장기 집권자가 됨.

[3] 미국의 숙적.

인명 17

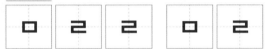

| ㅁ | ㄹ | ㄹ | ㅁ | ㄹ |

[1] 36세에 요절한 미국 여배우.

[2] 가수 마돈나를 비롯 다수의 미국 연예인에게 큰 영향을 미침.

[3] 케네디 대통령에게 생일축하 노래를 부름.

인명 18

| ㅍ | ㄹ | ㅋ | ㅅ | ㄴ | ㅌ | ㄹ |

[1] 20세기를 풍미한 이탈리아계 미국인.

[2] 가수이자 영화배우로서 흑인 인권운동을 후원.

[3] 역대 미국 대통령과 친근했음.

13. 홍선대원군

14. 데니스 로드먼

15. 존 레논

인명 19

ᄉ ᄐ ᄇ ᄒ ᄏ

¹ 영국의 천재 천체 물리학자.

² 〈시간의 역사〉 저술.

³ 루게릭 병으로 식물인간이 됨.

인명 20

ᄐ ᄆ ᄉ ᄌ ᄑ ᄉ

¹ 미국 독립선언서 작성, 제3대 대통령.

² 재임 시 프랑스로부터 루이지애나를 구매하여 영토를 확장시킴.

³ 회전의자 발명.

인명 21

ᄎ ᄅ ᄎ ᄑ ᄅ

¹ 5세 때부터 무대에 오른 코미디언.

² 무성영화 시대의 대 스타.

³ 배우 · 영화감독으로도 활약.

16. 피델 카스트로

17. 마릴린 먼로

18. 프랭크 시나트라

동물명

동물 1

| ㅅ | ㅋ | ㅇ |

¹ 고양이과 동물로 단독생활을 함.

² 몸통에 갈색 점 무늬.

³ 새끼는 1년만에 성체가 된다.

동물 2

| ㅎ | ㅇ | ㅇ | ㄴ |

¹ 아프리카에서 서식.

² 턱 힘이 아주 강함.

³ 체중은 80kg 정도.

동물 3

| ㅎ | ㅁ |

¹ 체중은 3~4톤.

² 주로 아프리카에서 서식하고 낮에는 호수나 하천 등에서 지냄.

³ 주로 채식을 함.

19. 스티븐 호킹

20. 토머스 제퍼슨

21. 찰리 채플린

동물 4

¹ 앵무새의 일종.

² 사이 좋은 부부를 가리킬 때 쓰는 말.

³ 일본에서 온 단어.

동물 5

¹ 천연기념물로 지정된 올빼미과의 맹금류.

² 체중은 3kg 이내.

³ 야행성이며, 산토끼 · 쥐 · 뱀 · 도마뱀 등을 잡아먹는다.

동물 6

¹ 실험용이나 애완용으로 기름.

² 다람쥐처럼 볼주머니에 곡물을 보관함.

³ 수명은 2~3년.

1. 살쾡이

2. 하이에나

3. 하마

104

동물 7

ㅇ ㄹ ㅇ ㅌ

[1] 말레이어로 '숲속의 사람'이란 뜻.

[2] 유인원에 속하며 과일을 주로 먹는다.

[3] 인도네시아, 말레이시아에 서식함.

동물 8

ㅋ ㅁ ㄷ ㅇ ㄷ ㅁ ㅂ

[1] 인도네시아의 코모도 섬에 서식하는 파충류.

[2] 성체의 체중은 70~90kg.

[3] 주둥이의 치명적인 독으로 큰 동물도 사냥함.

동물 9

ㅇ ㅇ

[1] 훈제, 구이, 회로 먹는 어류.

[2] 강에서 태어나 바다에서 수년 살다가 산란을 위해 강으로 돌아옴.

[3] 인공 부화시키기도 하고 양식도 함.

4. 잉꼬

5. 수리부엉이

6. 햄스터

동물 10

¹ 남미 남부와 호주 남부 등 남반구에서만 서식.

² 체중은 30kg 정도.

³ 날지 못하는 조류.

동물 11

¹ 사다새과에 속하는 조류로, 주머니처럼 생긴 부리가 있다.

² 크기는 약 160cm 정도.

³ 부리와 등은 회색, 목주머니는 오렌지색.

동물 12

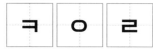

¹ 해발고도 600m 이하의 유칼리나무 숲에서 서식.

² 몸 길이 60~80cm 정도.

³ 대부분의 시간을 나무 위에서 생활하고 하루에 보통 20시간을 잔다.

7. 오랑우탄

8. 코모도왕도마뱀

9. 연어

식물명

식물 1

¹ 녹색채소이며 이탈리아어로 '꽃이 피는 끝부분'이란 뜻.

² 작은 나뭇가지 같은 모양.

³ 항암 효과와 다이어트 효과.

식물 2

¹ 가지과에 속하는 채소.

² 고추를 개량하여 매운 맛을 없앤 것.

³ 비타민이 풍부하고 혈액순환을 원활하게 함.

식물 3

¹ 백합과에 속함.

² 네덜란드의 국화로 유명하지만 원산지는 튀르키에(터키).

³ 꽃 모양이 터번을 닮음.

10. 펭귄

11. 펠리칸

12. 코알라

식물 4

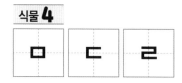

¹ 국화과에 속하는 식물.

² 잡초에 속함.

³ 일편단심 하면 떠오르는 꽃.

식물 5

¹ 장미과에 속하는 나무에 피는 꽃.

² 화투에서 세 번째 패.

³ 열매는 여름에 익음.

식물 6

¹ 화투 2월 패에 나오는 식물.

² 신맛나는 구연산을 함유하여 피로 회복에 좋다.

³ 술로 담가 먹기도 한다.

1. 브로콜리

2. 피망

3. 튤립

식물 7

¹ 청나라의 국화였고 부귀의 상징으로 중국인들에게 사랑받는 꽃.

² 화투의 6월 패.

³ 한약재로 쓰이며 소염 진통 효능.

식물 8

¹ 국내에서는 20세기 초 경기도 안성에서 처음 재배됨.

² 세계 과일 생산량 중 1위를 차지하는 과일.

³ 비타민 A, B, C, D가 풍부하고 피로회복에 도움.

4. 민들레

5. 벚꽃

6. 매실

국가명

국가 1

○ ㄷ ㄴ ㅅ ○

1 동남아시아의 이슬람교 국가.

2 마타하리와 킹콩의 고향.

3 이 나라의 어느 소수민족이 우리나라 한글을 일상 문자로 채택함.

국가 2

ㅂ ㅁ ㅋ ㄷ ㄴ ○

1 남유럽에 위치하는 인구 2백만의 소국.

2 욱일기와 비슷한 국기를 가진 나라.

3 1991년 유고슬라비아에서 독립함. 알렉산드로스 대왕의 후손임을 자처함.

국가 3

ㅂ ㅌ

1 아시아에 있으며, 인구가 74만 명인 작은 나라.

2 2011년에 세계에서 가장 행복한 나라 1위를 기록.

3 왕국이었지만 민주화가 진행되어 입헌군주제가 됨.

7. 모란

8. 포도

국가 4

ㅍ ㄹ

[1] 잉카제국의 유적이 있음.

[2] 면적이 우리나라의 13배.

[3] 1990년대에 일본계 후지모리가 15년 장기 집권함.

국가 5

ㄴ ㅇ ㅈ ㄹ ㅇ

[1] 아프리카 대륙에서 인구 1위 국가(2억).

[2] 1960년 영국에게서 독립.

[3] 영어를 포함하여 수백 개의 언어가 사용됨.

국가 6

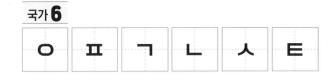

ㅇ ㅍ ㄱ ㄴ ㅅ ㅌ

[1] 영국에게서 독립한 아시아의 내륙국.

[2] 소련과 미국도 침범했으나 어쩌지 못하고 좌절한 나라.

[3] 탈레반이 활개치는 나라.

1. 인도네시아

2. 북마케도니아

3. 부탄

111

국가 7

1 우리나라보다 12배 넓은 국토.

2 흑인 80%, 백인 10%, 기타 유색인 10%로 구성.

3 희망봉과 넬슨 만델라의 나라.

국가 8

1 20세기 초 러시아에서 독립한 북유럽 국가.

2 '사우나'라는 단어를 세계에 퍼뜨림.

3 휴대폰 업체 노키아의 나라.

국가 9

1 아프리카에 속하지만 동남아시아계 민족이 다수.

2 국토 면적은 우리나라의 6배.

3 세계에서 4번째로 큰 섬. 이 섬에서만 서식하는 독특한 동식물이 많다.

4. 페루

5. 나이지리아

6. 아프가니스탄

국가 10

¹ 힌두교와 불교를 믿는 나라로 중국과 인도에 둘러싸여 있다.

² 에베레스트 산에 오르려면 거쳐야 하는 나라.

³ 석가모니가 태어난 나라.

국가 11

¹ 이탈리아의 로마 시내에 위치.

² 인구가 수백 명에 불과하며 면적은 $0.44km^2$인 나라.

³ 교황이 통치하는 국가.

7. 남아프리카공화국

8. 핀란드

9. 마다가스카르

도시명

도시 1

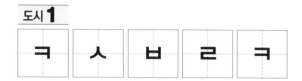

ㅋ ㅅ ㅂ ㄹ ㅋ

[1] '하얀 집'이라는 뜻의 모로코 도시.

[2] 잉글리드 버그먼 주연의 흑백 영화.

[3] 버티 히긴스(Bertie Higgins)의 팝송 제목.

도시 2

ㅎ ㅂ ㄹ ㅋ

[1] 미국 음식인 햄버거가 유래한 독일의 도시.

[2] 독일 최대의 항구 도시로 경제의 중심지.

[3] 엘베 강 하류에 위치함.

도시 3

ㅍ ㄹ ㅎ

[1] 카프카와 릴케의 고향.

[2] 1968년 민주화 운동이 있었지만 소련의 침공을 받음.

[3] 체코의 중심 도시.

10. 네팔

11. 바티칸시국

114

도시 4

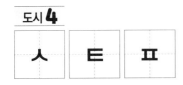

¹ 미국 뉴멕시코 주에 있는 도시.

² '성스러운 신앙'이라는 의미.

³ 국내 H사의 중형 자동차 이름.

도시 5

¹ 에스파냐의 대표적인 항구 도시.

² 가우디가 설계한 성당이 있음.

³ 라리가의 대표적 프로축구팀이 있음.

도시 6

ㅇ ㄹ ㅌ

¹ 뉴질랜드 제2의 도시, 수도.

² 뉴질랜드 최대의 무역항.

³ 워털루에서 나폴레옹을 격파한 영국 사령관의 이름.

1. 카사블랑카

2. 함부르크

3. 프라하

115

도시 7

1 〈엄마 찾아 삼만리〉에서 마르코의 엄마가 돈 벌러 간 도시.

2 축구 영웅 마라도나의 고향.

3 '좋은 공기'라는 뜻의 스페인어.

도시 8

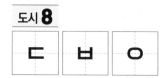

1 페르시아 만에 위치한 부유한 도시.

2 아랍에미리트에서 아부다비에 이어 두 번째로 큰 면적.

3 우리나라 기업이 건설에 참여한 세계 최고층 건물(162층) 부르즈 할리파가 있는 곳.

도시 9

1 옛날에는 멕시코 영토였으나 전쟁에 패하여 미국에게 빼앗긴 지역.

2 금문교와 차이나타운이 유명.

3 스콧 매켄지(Scott McKenzie)가 부른 팝송의 제목.

4. 산타페

5. 바르셀로나

6. 웰링턴

도시 10

ㄴ ㅁ ㄹ ㅇ ㅅ

[1] 원래는 프랑스의 영토.

[2] 미시시피강 하류의 항구.

[3] 재즈 음악과 루이 암스트롱의 고향.

도시 11

ㅇ ㅅ ㅌ ㅂ

[1] 아시아와 유럽, 두 대륙을 끼고 있는 도시.

[2] 튀르키예(터키)의 최대 도시로 인구 1400만.

[3] 동로마제국 시대에는 콘스탄티노폴리스라고 불림.

7. 부에노스아이레스

8. 두바이

9. 샌프란시스코

6

					5	1	2	
		4	9		2	7		3
1	3	2				5	8	9
	6	9	5	2	8	3	1	7
		5	6	9	3			8
3	2	8				6	9	
	5			3	9	4		
9	7	3	1		6			
2	4			5		9	3	1

홍당무를 찾아서

6	9	7	3	8	5	1	2	4
5	8	4	9	1	2	7	6	3
1	3	2	7	6	4	5	8	9
4	6	9	5	2	8	3	1	7
7	1	5	6	9	3	2	4	8
3	2	8	4	7	1	6	9	5
8	5	1	2	3	9	4	7	6
9	7	3	1	4	6	8	5	2
2	4	6	8	5	7	9	3	1

일반 상식

상식 1

ㅍ	ㅈ

1 18세기 이탈리아의 나폴리에서 유래한 음식.

2 빈민층이 평일에 먹던 음식.

3 1950년대 말 미국에서 도미노, OO헛 같은 가게가 생기며 세계적으로 퍼짐.

상식 2

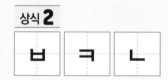

ㅂ	ㅋ	ㄴ

1 원자폭탄 실험을 한 작은 섬.

2 오세아니아 주 마셜제도에 속함.

3 1946년에 프랑스의 디자이너가 발표한 옷.

상식 3

ㅇ	ㅌ	ㄹ	ㅌ	ㅇ

1 1960년대 부산에서 개발된 것.

2 비스코스레이온으로 된 섬유가 이탈리아 원산.

3 몸의 때를 밀 때 사용하는 것.

상식 **4**

¹ 나폴레옹 시대에 개발된 음식 밀봉법.

² 처음엔 유리병으로 되어 깨지는 단점이 있었음.

³ 그후 영국에서 주석으로 코팅한 깡통을 개발함.

상식 **5**

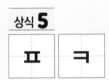

¹ 19세기 말에 대중적인 간식이 됨.

² 1920년대부터 미국의 영화관에서 즐기게 됨.

³ 전자레인지로 만들 수도 있음.

상식 **6**

¹ 6세기 말에 영국에 전래된 축제.

² 미국에서는 1870년 휴일로 지정됨.

³ 한국에서는 1949년에 휴일이 됨. 일본에서는 휴일이 아님.

1. 피자

2. 비기니

3. 이태리타월

상식 **7**

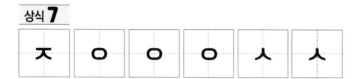

¹ 유네스코 지정 세계문화유산.

² 프랑스가 미국에 선물한 것.

³ 1886년에 제막식을 거행함.

상식 **8**

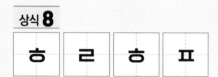

¹ 복부 지방을 줄이는 운동.

² 허리로 돌리는 놀이기구.

³ 우리나라엔 1960년대에 처음 들어옴.

상식 **9**

¹ 나치 독일이 발명한 것.

² 1990년대까지 사용된 음악 저장 도구.

³ 두 개의 구멍이 있고 그곳의 톱니바퀴가 회전하면서 소리가 재생됨.

4. 통조림

5. 팝콘

6. 크리스마스

상식 **10**

ㅈ ㅎ ㅊ

[1] 1863년 세계 최초로 런던에서 운행을 시작한 교통편.

[2] 일본에서는 1927년 도쿄에서 운행을 시작함.

[3] 평양은 1973년, 서울에서는 1974년 운행을 시작함.

상식 **11**

ㄱ ㅁ

[1] 기원전 700년 전부터 고대 그리스에서 이것의 경기가 있었음.

[2] 미국에서는 19세기 말에 엄청난 인기를 누림.

[3] 우리나라에는 뚝섬에 경기장이 있었다가 과천으로 이전함.

상식 **12**

ㅂ ㄷ

[1] 고대 중국에서 발명된 놀이.

[2] 6세기 경 한반도에 전래됨.

[3] 중국 · 한국 · 일본에서 성행하며 전세계로 전파됨.

7. 자유의 여신상

8. 훌라후프

9. 카세트테이프

상식 **13**

¹ 전통적인 모양의 봉제인형.

² 시어도어 루즈벨트 미국 대통령의 애칭에서 유래함.

³ 전세계적으로 사랑받는 장난감.

상식 **14**

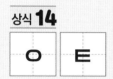

¹ 1970~80년대엔 생활 필수품이었음.

² 위아래로 구멍이 여러 개 나 있음.

³ 이것 때문에 사망 사고도 많이 발생함.

상식 **15**

| ㄷ | ㅌ |

¹ 전세계에 보급된 레저스포츠.

² 이 명칭은 작은 화살이라는 뜻.

³ 짧고 작은 화살을 손으로 던짐.

10. 지하철

11. 경마

12. 바둑

상식 16

ㅂ ㅈ ㅈ ㅍ

¹ 남태평양의 바누아투에 있는 어떤 부족의 성인식에서 유래된 행위.

² 칡넝쿨을 몸에 묶고 30m 나무에서 뛰어내려 용기를 보여주는 의식.

³ 1979년 영국 대학생들이 미국 금문교에서 행하여 널리 퍼지게 됨.

상식 17

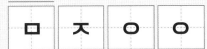

ㅁ ㅈ ㅇ ㅇ

¹ 1990년대 유행했던 시력 향상과 눈의 피로를 풀어주는 그림.

² 눈의 초점을 적절하게 맞추면 평면 그림이 입체로 보임.

³ 초점을 맞추는 동안 사팔뜨기처럼 보일 수도 있음.

상식 18

ㅂ ㄱ ㅌ

¹ 프랑스를 대표하는 빵 종류.

² 불어로 '막대기'라는 의미.

³ 옛날엔 화가가 연필 그림을 지울 때도 사용했다.

13. 테디베어

14. 연탄

15. 다트

종이접기

★★☆
버섯

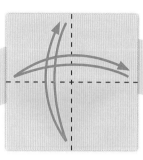

1 종이를 세로로 반 접었다 펴고 다시 가로로 반 접었다 펴 주세요.

45°

2 45도 회전하고 가로세로 반 접었다 펴서 표시선을 만들어 주세요.

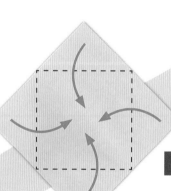

3 방석 접기 해 주세요.

4 위아래를 펴 주세요.

5 반 접어 내려 주세요.

6 점선대로 삼각형 모양 으로 접어 주세요.

12 위쪽을 접어 넘겨 주세요.

11 안으로 넣어 접어 주세요.

10 양쪽 모서리를 조금 접었다 펴 주세요.

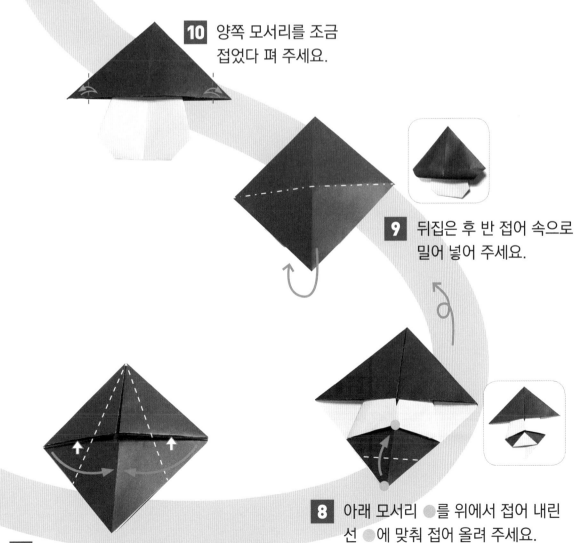

9 뒤집은 후 반 접어 속으로 밀어 넣어 주세요.

8 아래 모서리 ● 를 위에서 접어 내린 선 ● 에 맞춰 접어 올려 주세요.

7 ⇧ 에 손가락을 집어넣고 아래 종이를 반 접어 주세요. 양쪽 모두 똑같이 접어 주세요.

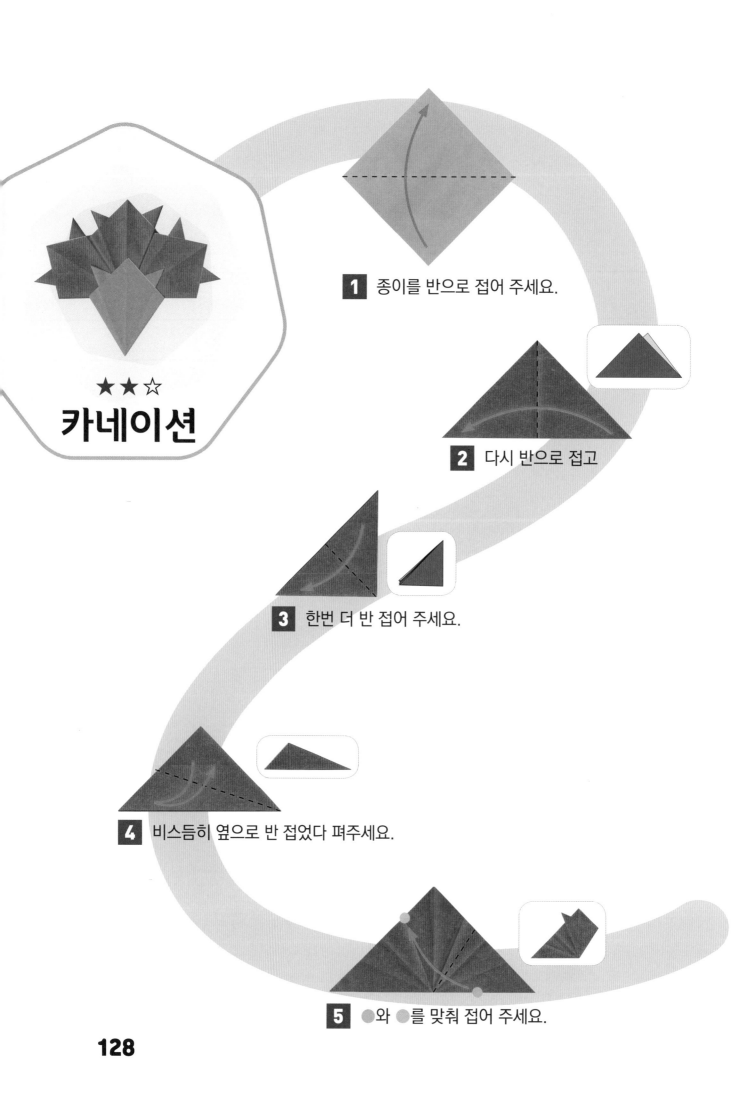

★★☆
카네이션

1 종이를 반으로 접어 주세요.

2 다시 반으로 접고

3 한번 더 반 접어 주세요.

4 비스듬히 옆으로 반 접었다 펴주세요.

5 ●와 ●를 맞춰 접어 주세요.

10 녹색 종이로 **1**~**5**까지 만들어 주세요.

11 뒤집어서 꽃잎 아래쪽에 붙여 주면 예쁜 카네이션 이 완성돼요.

9 카네이션 꽃잎이 완성되었어요.

8 뒤집어 주세요.

7 하나의 꽃잎이 생겼고, 2개 더 만들어서 풀로 옆을 붙여 주세요.

6 반대쪽도 똑같이 접어 주세요.

색칠하기

6월 모란

모란에 나비
6월은 모란이다. 목단(牧丹)이라고도 부르는데 고귀한 이미지로서
일본의 가문 문장(紋章)으로 애용되어 왔다.

어른을 위한 초성 퀴즈

초판 1쇄 인쇄 | 2024년 5월 24일
초판 1쇄 발행 | 2024년 5월 30일

지은이 | 건강 100세 연구소
편 집 | 이말숙
제 작 | 선경프린테크
펴낸곳 | Vitamin Book 헬스케어
펴낸이 | 박영진

등 록 | 제318-2004-00072호
주 소 | 07250 서울특별시 영등포구 영등포로 37길 18 리첸스타2차 206호
전 화 | 02) 2677-1064
팩 스 | 02) 2677-1026
이메일 | vitaminbooks@naver.com

©2024 Vitamin Book

ISBN 979-11-89952-99-0 (13690)

장미

어르신
레크레이션 북
시리즈

뇌 훈련·간병 예방에 도움되는

쉬운 색칠 그림

색칠하기 쉬운!
심플한 그림!

1 봄·여름 꽃 편
마음에 드는 그림을 골라 색칠을 해 보세요.

2 가을·겨울 꽃 편
색칠을 하면 그대로 그림엽서가 되고 짧은 글도 적을 수 있어요.

3 야채 편
야채의 특징과 효능, 읽을거리 등 해설과 사진을 첨부하여 더욱 즐겁게 색칠할 수 있어요.

4 봄에서 여름을 수놓는 꽃 편
봄·여름 개화 순서로 나열되어 있어서 처음부터 색칠해도 좋아요.

5 과일 편
견본을 보고 똑같이 색칠하는 작업은 뇌가 활성화된다고 해요. 견본을 보면서 색칠해 보세요~

화투는 1월부터 12월까지 1년 열두 달에 해당하는 그림이 각각 4장씩 48장으로 구성되어 있습니다. 이 책에서는 여러 가지 색상으로 칠할 수 있는 그림을 골라 실었습니다.
1월 송학, 2월 매조, 3월 벚꽃, 4월 흑싸리, 5월 난초, 6월 모란, 7월 홍싸리, 8월 공산, 9월 국진, 10월 단풍, 11월 오동, 12월 비 등

이 책의 특징

화투 그림의 의미
1월부터 12월까지 월별로 각 그림에 담긴 의미를 자세히 설명.

화투 그림 색칠 순서
처음부터 색칠해도 좋고 마음에 드는 그림을 골라 색칠해도 좋습니다.

화투 스티커 붙이기
화투 그림의 전체 모양을 생각하며, 각 스티커의 모양과 색깔을 유추해내고 순서에 맞게 붙입니다.

쉽고 간단한 접기를 시작으로, 어렸을 때 한번쯤 접어보았음직한 것들을 위주로 구성.
너무 어려운 것은 제외하고 간단한 접기에서부터 중간 단계의 것을 모아, 접는 방법을
자세히 설명.
헷갈리기 쉽고 어려운 부분은 사진으로 한번 더 설명했으니 서두르지 말고 설명에 따라
정확하게 접어 보세요.

이 책의 특징

가장 쉽고 간단한 작품부터

강아지, 수박, 비행기처럼 난 넷 번만에 쉽게 접을 수 있는 작품을 각 장의 맨 앞에 배치.

난이도 표시

종이접기를 처음 시작하는 분들은 ★ 한 개 작품부터 시작하여 점차 난이도를 높여갑니다.

그림으로 더 자세히

접기 기호가 있어도 어떤 방향으로 어떻게 접어야 하는지 어렵게 느껴진다면 한번 더 그림으로 설명.

5		4		7	6	9	3	
6		9	5	3	8	4	2	1
3	8	2	1	9		5		6
4	2		8	1		7	6	
1	9	6				8	5	
7	3			4	5	2	1	9
	4	7	3					
		3	4	8	7	1	9	
8		1	9	6	2		4	7

숫자 놀이에 어느새 머리가 좋아집니다!

놀이 삼아 재미있게 가로세로 숫자퍼즐을 풀다 보면 자연스레 사고능력이 향상됩니다. 숫자를 이용한 판단력은 두뇌 발달은 물론 지능 개발, 정보습득 능력과 문제의 이해를 통한 문제해결력 향상을 가져옵니다. 숫자를 이용한 문제풀이로 두뇌가 발달되어 건강한 생활을 유지할 수 있습니다.

미로 찾기는 집중력을 키우는 데 가장 효과적인 방법!

미로 찾기는 집중력을 키우는 데 가장 효과적인 방법입니다. 또한 다양한 이미지로 즐기는 놀이는 두뇌 활동은 물론이고 감성도와 건강에도 효과적입니다.

이 책 '어른을 위한 미로 찾기'는 어른과 어린이들이 좋아하는 여러 가지 그림만을 선택하여 제작되었습니다.

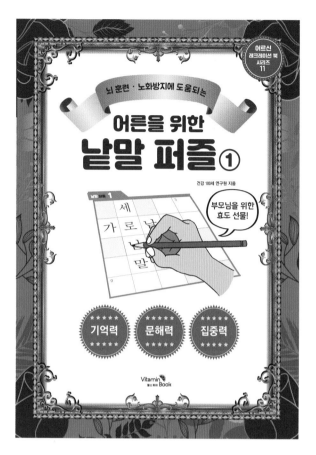

낱말 퍼즐로 기억력 저하 방지~

낱말 퍼즐 문제를 온전히 다 풀어내기 위해서는 가로세로 열쇠를 다 읽으면서 여러 가지로 정답을 유추해 봐야 한다. 교차하는 글자가 맞는지 검증도 해봐야 한다. 낱말 퍼즐을 많이 규칙적으로 풀어보면 기억력 저하 방지 효과가 확실히 있음이 입증되었다. 일종의 정신적인 노화 방지라고 볼 수 있다.

비타민북은 독자 여러분의 투고를 기다립니다.